小普羅藝術叢書

有了喜歡的顏色　有了豐富的創意

孩子，你更需要無邊無際的恣彩天空！

·我喜歡系列·

我喜歡紅色

我喜歡棕色

我喜歡黃色

我喜歡綠色

我喜歡藍色

我喜歡白色和黑色

·創意小畫家系列·

蠟筆
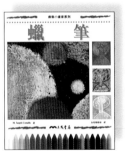

水彩

色鉛筆
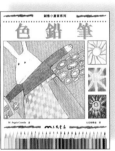

粉彩筆

彩色筆
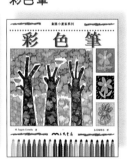

廣告顏料

·小畫家的天空系列·

動物畫

風景畫

靜物畫

我喜歡白色和黑色

M. Àngels Comella 著

許玉燕 譯

三民書局

國家圖書館出版品預行編目資料

我喜歡白色和黑色 / M.Àngels Comella著；
　許玉燕譯－－初版二刷.－－臺北市；三
民，2003
　　面；　公分－－(小普羅藝術叢書. 我喜
歡系列)

ISBN 957－14－2870－1　　(精裝)

940

網路書店位址：http://www.sanmin.com.tw

© 我喜歡白色和黑色

著作人　M.Àngels Comella
譯　者　許玉燕
發行人　劉振強
著作財
產權人　三民書局股份有限公司
　　　　臺北市復興北路386號
發行所　三民書局股份有限公司
　　　　地址／臺北市復興北路386號
　　　　電話／(02)25006600
　　　　郵撥／0009998－5
印刷所　三民書局股份有限公司
門市部　復北店／臺北市復興北路386號
　　　　重南店／臺北市重慶南路一段61號
初版一刷　1998年8月
初版二刷　2003年4月
編　號　S 94066
精裝定價　新臺幣貳佰捌拾元整
平裝定價　新臺幣貳佰伍拾元整
行政院新聞局登記證局版臺業字第○二○○號

有著作權‧不准侵害

目　次

給父母及師長的話

孩子在成長的過程中所遭遇的一切事物，對他們來說都是新奇的，我們可以陪伴他們一起來體驗這些大大小小的驚奇發現。色彩對這個世界而言是最重要的一部分，為了感受色彩的神奇，我們的視覺能力扮演一個最重要的角色，它自然也是我們與外在事物建立關係的基本能力。

在我們陪伴孩子的同時，他們也同樣陪伴我們，在這個新奇的色彩世界中，牽引我們天天學習新的事物。孩子們通常擁有非比尋常的能力，促使他們不斷地去探索和理解新的未知領域。

《我喜歡白色和黑色》探討兩個完全對比的顏色：光線的白色和黑暗的黑色，它們兩者之間所形成的強烈對比，提供我們一個非常深刻的概念。在這本書裡，我們設計一連串具有吸引力的活動，讓孩子們從實際生活經驗中出發，而有一個深切的體驗。希望我們所設計的內容可以鼓勵孩子們完成個人的習作，同時刺激孩子與大人間展開新的對話，發覺新的問題、新的題材，並且能夠轉換各種不同的方式去實踐它們。讓我們和孩子們一起分享這些畫畫創作的遊藝單元，啟發他們豐富的表達能力和藝術的想像力。

白色和黑色

你ㄋㄧˊ能ㄋㄥˊ想ㄒㄧㄤˇ像ㄒㄧㄤˋ得ㄉㄜ˙出ㄔㄨ，
如ㄖㄨˊ果ㄍㄨㄛˇ這ㄓㄜˋ個ㄍㄜˋ世ㄕˋ界ㄐㄧㄝˋ全ㄑㄩㄢˊ部ㄅㄨˋ的ㄉㄜ˙
東ㄉㄨㄥ西ㄒㄧ都ㄉㄡ變ㄅㄧㄢˋ成ㄔㄥˊ了ㄌㄜ˙白ㄅㄞˊ色ㄙㄜˋ的ㄉㄜ˙情ㄑㄧㄥˊ形ㄒㄧㄥˊ嗎ㄇㄚ˙？

白ㄅㄞˊ色ㄙㄜˋ的ㄉㄜ˙青ㄑㄧㄥ椒ㄐㄧㄠ

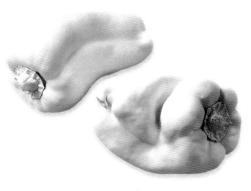

白ㄅㄞˊ色ㄙㄜˋ的ㄉㄜ˙樹ㄕㄨˋ葉ㄧㄝˋ

白ㄅㄞˊ色ㄙㄜˋ的ㄉㄜ˙牛ㄋㄧㄡˊ角ㄐㄧㄠˇ麵ㄇㄧㄢˋ包ㄅㄠ

當ㄉㄤ然ㄖㄢˊ囉ㄌㄡ˙！有ㄧㄡˇ些ㄒㄧㄝ東ㄉㄨㄥ西ㄒㄧ的ㄉㄜ˙顏ㄧㄢˊ色ㄙㄜˋ本ㄅㄣˇ來ㄌㄞˊ就ㄐㄧㄡˋ是ㄕˋ白ㄅㄞˊ色ㄙㄜˋ的ㄉㄜ˙：

奶ㄋㄞˇ油ㄧㄡˊ

月ㄩㄝˋ亮ㄌㄧㄤˋ

棉ㄇㄧㄢˊ布ㄅㄨˋ

另ㄌㄧㄥˋ外ㄨㄞˋ有ㄧㄡˇ些ㄒㄧㄝ是ㄕˋ黑ㄏㄟ色ㄙㄜˋ的ㄉㄜ˙，有ㄧㄡˇ些ㄒㄧㄝ是ㄕˋ灰ㄏㄨㄟ色ㄙㄜˋ的ㄉㄜ˙：

斑ㄅㄢ馬ㄇㄚˇ身ㄕㄣ上ㄕㄤˋ的ㄉㄜ˙線ㄒㄧㄢˋ條ㄊㄧㄠˊ

老ㄌㄠˇ鼠ㄕㄨˇ

一ㄧˊ個ㄍㄜˋ小ㄒㄧㄠˇ洞ㄉㄨㄥˋ洞ㄉㄨㄥˋ

還ㄏㄞˊ有ㄧㄡˇ其ㄑㄧˊ它ㄊㄚ很ㄏㄣˇ多ㄉㄨㄛ、很ㄏㄣˇ多ㄉㄨㄛ不ㄅㄨˋ同ㄊㄨㄥˊ的ㄉㄜ˙色ㄙㄜˋ彩ㄘㄞˇ……

人物剪影

做剪影時
需要用到：

▶ 剪刀

▶ 白色圖畫紙

▶ 黑色卡紙

▶ 黏膠

1 我們先編造一段小故事。這裡我們就用小紅帽的故事來當作範例吧！不過，你也可以採用其它的故事喔！先想一想裡面有哪些人物和主要的情節呢？

2 用剪刀直接在黑色卡紙上，剪出我們想好的內容。

3 按照我們自己的點子，在白色圖畫紙上擺好剪出來的各種剪影。

4 擺好以後，用黏膠一個個黏上。

剪影是一種由圖形的輪廓構成的圖案。

 我們可以直接在黑色卡紙上，剪出各種剪影的圖形。

在剪影中，我們看不到它的內部圖形，只看得到它的外部輪廓。

你呢？你用什麼故事題材呢？

邪惡的巫婆

巫婆是我們幻想出來的人物。
巫婆的形象通常都是
一身黑黑的。

要做一個巫婆
會使用到：

▶ 四到五枝明色的蠟筆
(不要用暗色的)，可以
用這裡的這些顏色

▶ 黑色蠟筆

▶ 可以用來刮的工具

1 先想一想巫婆應該
是什麼模樣呢？

2 用明色的蠟筆塗
滿整張圖畫紙。

3 等一下下下。然
後用黑色蠟筆
同樣在上面畫滿。

4 用任何一種可以刮
的工具來刮出圖案。

巫婆是出現於故事中的人物，每當我們想起巫婆，就會聯想到黑色。

巫婆通常都是乘著一把掃帚，旁邊跟著一隻貓，戴著一頂尖頭帽，看起來髒兮兮的。

黑色會讓我們聯想到黑夜，以及一些神祕的東西喲！

換你也來做一個小巫婆吧！她看起來一點都不嚇人喔！

黑色、灰色、白色

讓我們來做一個色彩的實驗吧！會使用到：

■ 黑色蠟筆

▲ 白色蠟筆

◣ 白色圖畫紙

1 我們先想好一個形狀。你有沒有注意過陀螺是怎麼樣旋轉的呢？我們就拿這個來做例子吧！

2 用黑色蠟筆從圓中心，像滾動一樣開始畫圈圈。

3 然後，在外圍用白色蠟筆同樣畫圈圈。

4 最後，用手指頭從圓中心來塗抹蠟筆畫好的部分，把這兩種顏色完全混合在一起，灰色就跑出來了。

在ㄗㄞˋ所ㄙㄨㄛˇ有ㄧㄡˇ的ㄉㄜ˙色ㄙㄜˋ彩ㄘㄞˇ當ㄉㄤ中ㄓㄨㄥ，灰ㄏㄨㄟ色ㄙㄜˋ是ㄕˋ在ㄗㄞˋ白ㄅㄞˊ色ㄙㄜˋ和ㄏㄜˊ黑ㄏㄟ色ㄙㄜˋ中ㄓㄨㄥ間ㄐㄧㄢ的ㄉㄜ˙一ㄧˋ種ㄓㄨㄥˇ顏ㄧㄢˊ色ㄙㄜˋ。

假ㄐㄧㄚˇ如ㄖㄨˊ白ㄅㄞˊ色ㄙㄜˋ塗ㄊㄨˊ得ㄉㄜ˙比ㄅㄧˇ較ㄐㄧㄠˋ多ㄉㄨㄛ，得ㄉㄜˊ到ㄉㄠˋ的ㄉㄜ˙灰ㄏㄨㄟ色ㄙㄜˋ就ㄐㄧㄡˋ會ㄏㄨㄟˋ比ㄅㄧˇ較ㄐㄧㄠˋ亮ㄌㄧㄤˋ。

假ㄐㄧㄚˇ如ㄖㄨˊ黑ㄏㄟ色ㄙㄜˋ塗ㄊㄨˊ得ㄉㄜ˙比ㄅㄧˇ較ㄐㄧㄠˋ多ㄉㄨㄛ，得ㄉㄜˊ到ㄉㄠˋ的ㄉㄜ˙灰ㄏㄨㄟ色ㄙㄜˋ就ㄐㄧㄡˋ會ㄏㄨㄟˋ比ㄅㄧˇ較ㄐㄧㄠˋ暗ㄢˋ喲ㄧㄡ！

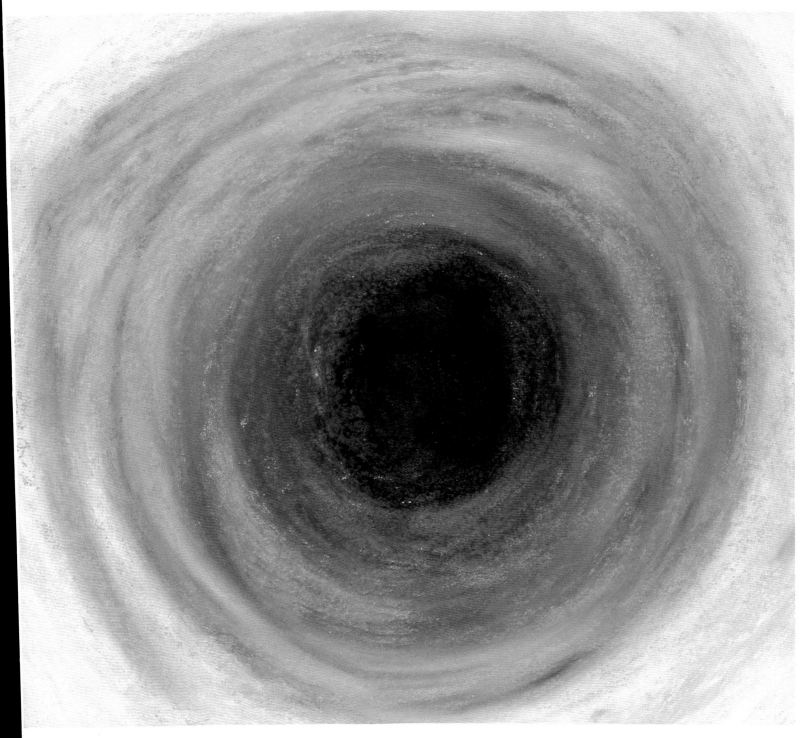

換ㄏㄨㄢˋ你ㄋㄧˇ也ㄧㄝˇ來ㄌㄞˊ畫ㄏㄨㄚˋ畫ㄏㄨㄚˋ看ㄎㄢˋ吧ㄅㄚ˙！讓ㄖㄤˋ你ㄋㄧˇ的ㄉㄜ˙手ㄕㄡˇ指ㄓˇ頭ㄊㄡˊ像ㄒㄧㄤˋ陀ㄊㄨㄛˊ螺ㄌㄨㄛˊ一ㄧˋ樣ㄧㄤˋ旋ㄒㄩㄢˊ轉ㄓㄨㄢˇ。

我可不可以在黑板上畫畫呢？

我常常好想要在黑板上畫畫喔！

我們馬上就來畫一幅畫吧！需要用到：

- 粉筆
- 黑板或彩色卡紙
- 板擦或橡皮擦

1 先想一下我們要畫什麼樣的圖案內容呢？

2 我們也可以用另外一種方法來畫喲！先用粉筆把整個黑板完全塗滿，然後用板擦或手指頭畫出圖案來。

3 如果我們是畫在卡紙上，而且想要保存起來的話，可以請大人幫我們在圖案上噴一層保護膠。

我們可以拿粉筆畫出一些美麗的圖案喔！

粉筆可以用在很多的畫材上，當然黑板是其中的一種。

粉筆能夠畫出白色的線條，也很容易修改。

你也來畫一些小鳥吧！

下雪了！
一切都好安靜喔！

今天，在我們家放映上回我們去看雪時拍的幻燈片。

現在，我們來畫一幅雪景。
要用到：

■ 彩色黏土

◤ 紙板

◣ 白色黏土

1 回想一下那一天看到的雪景。

2 用彩色黏土覆蓋整張紙板做底。

3 然後，在上面捏出各種的人物和圖案；最後，記得加上一片片的雪花喔！

▶ 雪花是白色的，所以下雪時，整個天地會一下子變成全是白色的喲！

◀ 下雪時，由於雪花的掩蓋，天地間所有事物的色彩會慢慢消失。

◁ 我們眼前的一切都變得好安靜喔！所有的色彩都被雪花覆蓋住了。

讓我們去看看雪或是一起來想像一下雪景吧！ ▷ ▷

起霧了！

今天一大早，我們發現窗戶玻璃上都是霧氣。

我們來製作一幅風景畫吧！
工具有：

▶ 彩色紙

◥ 描圖紙

◣ 黏膠

1 先想好一幅風景畫，可以是一片原野，也可以是都市叢林。

2 用手撕出圖形，或是用剪刀來剪。我們可以剪成人物的圖案，再加上幾片雲朵。

3 把做好的圖案全部都擺好。

4 黏上圖案，然後在整張畫上做一些霧氣效果這時候，在霧氣的遮蓋下，所有的色彩漸漸變得帶點兒白色。

霧氣會使所有的色彩都變得比較亮喔！

當空氣中充滿水氣的時候，就會比較潮溼。霧氣會改變事物的色彩，使它們比較不清楚。

空氣也變得比較不透明了，色彩更漸漸失去原有的彩度呢！

看起來有點兒溼潤的樣子，你不覺得嗎？ 17

嗨！小蜘蛛！你好嗎？

有一個好朋友抓了一隻小蜘蛛來給我們看。

我們來畫一幅畫吧！
需要的工具有：

▶ 黑色墨水

▶ 白色和黑色鉛筆

▶ 畫筆

1 先仔細觀察一下我們待會兒要畫的昆蟲。

2 然後移開牠，憑著記憶，用墨水把牠畫出來。

3 再用白色和黑色鉛筆，畫出詳細的線條。

有些昆蟲身上帶有很多黑色的部分，比如螞蟻、蟋蟀、蒼蠅……

還有墨水也是黑色的。

我們可以仔細觀察昆蟲的特點，然後把牠們放大畫下來。

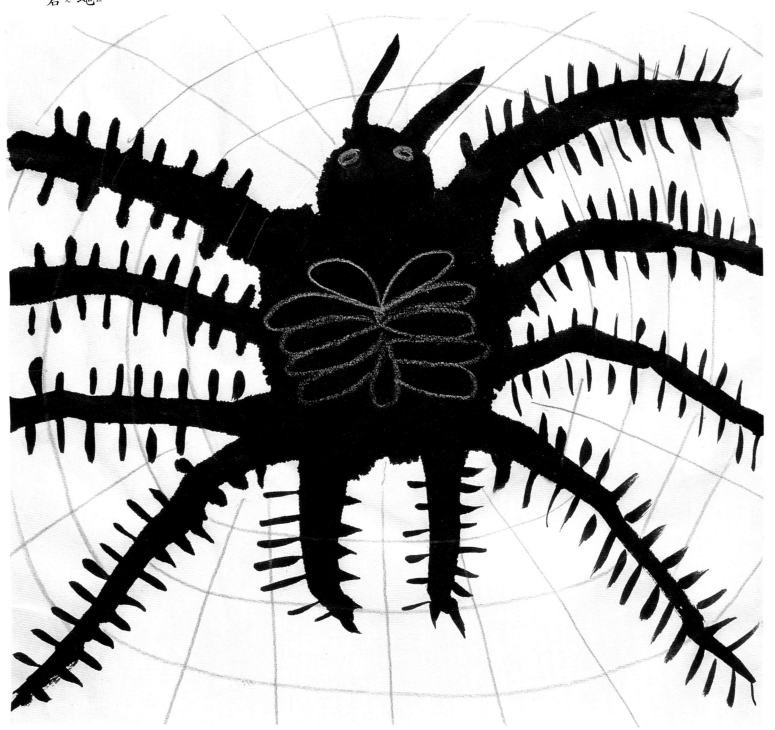

你想不想用同樣的方法來畫一隻小螞蟻呢？

看起來一樣，實際上卻相反

就像白天和黑夜。

我們來做一幅圖畫。
要用到：

▶ 白色圖畫紙

▶ 白色顏料　　　　　　　　　　▶ 黑色顏料

▶ 畫筆

▶ 洗筆筒

1 我們先想像一下兩種完全相反的東西。

2 然後把圖畫紙分成四個部分。

3 在其中一邊畫出想好的圖案，背景用白色的；另一邊也畫出相同的圖案，但是背景用黑色的。也就是說，兩個圖案一樣，但是顏色卻相反。

有些東西看起來一樣，可是實際上卻是相反的。就像白天和黑夜、往上和往下、上面和下面、還有白色和黑色。

這就好像有我就有你一樣，相互依賴。所以我們可以做一些看起來相同，但實際上卻相反的圖案喲！

這朵雲像棉絮做的一樣耶！

想想看，是不是有些顏色看起來軟軟的，有些看起來硬硬的呢？

現在，我們來做一朵雲。

會用到：

▶ 白色蠟筆

◣ 彩色蠟筆　　　　◢ 可以用來刮的工具

◣ 白色圖畫紙

1 用彩色蠟筆在圖畫紙上，塗好各種的色彩。

2 用白色蠟筆在上面再塗一遍，原來塗好的色彩會變得有點兒朦朧。

3 按照我們想好的圖案刮出來，這幅畫會看起來軟軟的喲！

▶ 色彩如果混合了白色，會像粉彩畫一樣，看起來軟軟的。

▶ 任何一種色彩混合了白色以後，會變得比較輕柔、比較白亮喔！

來想像一下天使的模樣吧！你想出了什麼沒有？　▱▱ **23**

像煤炭一樣的黑色

我的爺爺有一台電動火車，
我們常常向他討來玩。
聽說以前的火車都是靠煤炭
來啟動的耶！

現在，我們用煤炭來畫一幅畫。
工具有：

▶ 白色圖畫紙　　　　　▶ 炭筆或是
　　　　　　　　　　　　一小段的煤炭

1 我們先拿一台玩具小火車來玩玩，
觀察一下它是什麼樣子，試試看把
煤炭放在它的車廂裡面。

2 用炭筆畫出火
車的樣子來。

3 用手指頭塗一塗
煙囪的部分。

4 最後，請爺爺幫我們
在畫好的圖案上，噴
一層保護膠，以免炭筆
畫的部分糊掉了喔！

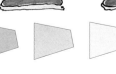

煤炭有很多不同的種類，但是全部都是黑色的。煤炭也是可以用來畫畫的好材料。

我們可以用煤炭來畫煙囪裡那些燃燒過的灰燼、烤肉用的黑炭、或是畫畫用的炭筆。

畫的時候，可不要讓煤炭把到處弄得髒兮兮的喲！

到公園裡去玩吧！

每個人都很喜歡到公園裡去玩，如果把裡頭的景物做成圖畫，我們就會記得更清楚喲！

現在，就讓我們開始吧！需要用到：

- 石膏板
- 黑色顏料
- 畫筆
- 一個可以刮的工具，像是一根小牙籤或是一把雕刻刀

1 我們先用黑色顏料把整個石膏板塗滿。

2 塗好以後，帶著它和一個可以刮的工具，一塊兒到公園裡去玩，等顏料慢慢乾。

3 選好公園裡的一個角落坐下來，直接在石膏板上面刮出我們看到的景象。

4 我們在石膏板上刮過的部分，看起來就像白色的線條一樣。

我們可以畫一幅圖畫，上面佈滿了我們喜歡的東西喔！

我們可以在白紙上塗黑色顏料，也可以在黑色材料上刻畫白色的線條。

等這幅畫完成了以後，我們就要開始玩了喲！

色彩也可以是甜的喲！

我們把一些帶有很多白色的色彩，叫做「蛋糕色」。

你看過蛋糕嗎？我們現在就來做一個蛋糕吧！需要的工具：

► 大量的白色黏土

► 較少量的其它顏色黏土

1 先仔細觀察一下蛋糕上所有的色彩吧！

2 把大量的白色黏土和一些些別種顏色的黏土完全混合在一起，揉出來的這種色彩我們叫做「蛋糕色」。其它的顏色我們也用同樣的方法來混合。

3 現在，我們已經調出蛋糕來了耶！

通常我們做蛋糕的時候，會使用乳脂、蛋白甜餅和糖等等。乳脂和牛奶本身就是白色的。

把其它顏色和白色混合以後，會變得比較淡，所以我們叫做「蛋糕色」。

起來真好吃的蛋糕喲！可惜是用黏土做的。

一起來猜謎語

為什麼同一個顏色
會因為它旁邊顏色的關係,
看起來有點兒不一樣呢?
我們來玩一個花邊的遊戲,
有些放在白色上面,
有些放在黑色上面。

先畫好一些花邊圖案。
工具有:

剪紙

白色卡紙

黑色卡紙

1 準備好幾個長條狀的白色卡紙和黑色卡紙。

2 創作出一個很特別的花邊圖案,然後不斷重複。

3 注意看喔!雖然同樣顏色、同樣形狀的剪紙不斷重複,可是看起來卻有點兒不一樣耶!

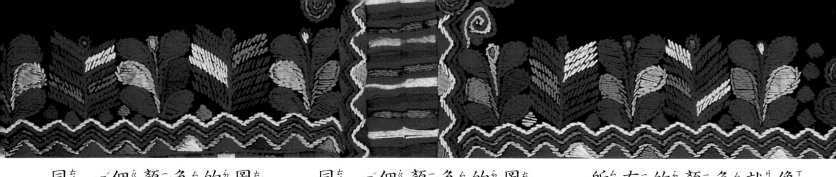

同一個顏色的圖案，會因為它旁邊圖案的顏色不一樣，看起來不太一樣耶！

同一個顏色的圖案，放在白色上面和放在黑色上面，看起來也不一樣。

所有的顏色就像朋友一樣，每一個在它周圍的顏色，都是非常重要的。

現在，換你也來做一個花邊圖案吧！

這就是黑暗

如果沒有了光線，黑暗就來臨了喲！

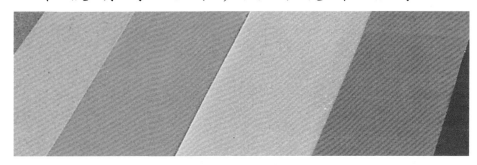

這些是彩虹的顏色。

當所有的顏色聚集在一起時，會變成白色，白色就是由光線來的。

可是當光線消失時，一切就都會變成黑色。

如果沒有了光線，也就沒有任何的色彩了。

一套專為十歲以上少年設計的百科全書

EN SAVOIR PLUS

人類文明小百科

● 適讀年齡：10歲以上 ●

★ 行政院新聞局推介中小學生優良課外讀物 ★

・充滿神秘色彩的神話從何而來？

・埃及金字塔埋藏什麼樣的秘密？

・想一窺浩瀚無垠的宇宙奧秘嗎？

人類文明小百科

為您解答心中的疑惑，開啟新的視野

全系列共18本

人類文明小百科

兒童文學叢書

小詩人系列

● 適讀年齡：8 歲以上 ●

榮獲新聞局第十六、十七、十八、十九、二十次中小學生優良課外讀物推介
「好書大家讀」活動推薦好書暨 1997 年、2000 年最佳少年兒童讀物

三民書局的「小詩人系列」自發行以來，
本本皆可稱「色藝雙全」，
在現今的兒童詩集出版品中，
無疑是相當亮麗的一片好風景。

（國立臺東師院兒童文學研究所所長　林文寶）